ASSOCIATION FRANÇAISE
POUR
L'AVANCEMENT DES SCIENCES

CONGRÈS DE LILLE

1874

M

PARIS
AU SECRÉTARIAT DE L'ASSOCIATION
76, rue de Rennes.

ASSOCIATION FRANÇAISE

POUR L'AVANCEMENT DES SCIENCES

Congrès de Lille — 1874

M. Fréd. KUHLMANN

Correspondant de l'Institut à Lille.

DE L'ÉCLAIRAGE ET DU CHAUFFAGE PAR LE GAZ AU POINT DE VUE DE L'HYGIÈNE

— *Séance du 22 août 1874.* —

La découverte de l'éclairage au gaz fait époque dans l'histoire des progrès industriels : « transporter la lumière et le feu, comme on transporte l'eau et la force motrice », cela pourrait paraître tenir du prodige, si dans ces temps modernes, nous n'avions été habitués à une foule de découvertes dont les conséquences ont été plus étonnantes encore, telles que la photographie et la télégraphie électrique. Comme toutes les grandes découvertes qui appartiennent au XIXe siècle, l'éclairage au gaz, dont l'application pratique, en France, ne remonte qu'à 1812, a été l'objet de rapides perfectionnements ; après l'éclairage, le gaz a été utilement employé pour le chauffage, dans nos laboratoires de chimie d'abord, puis dans certaines industries, enfin dans l'économie domestique.

Le gaz d'éclairage a été successivement extrait du bois, de la houille, des lignites, des schistes, du boghead, de l'huile, de la résine, etc., mais c'est la houille qui, le plus généralement, sert de matière première pour sa fabrication.

Le produit de la distillation de la houille en vases clos est fort complexe : outre l'hydrogène bicarboné qui constitue la base du gaz d'éclairage proprement dit, on y trouve des carbures, gazeux ou vaporisable à divers degrés de carburation, comprenant le méthylène, l'acétylène, la naphtaline, la benzine, etc., et indépendamment de ces carbures, divers corps qui exercent une influence des plus fâcheuses dans la respiration : c'est de ces derniers que je me suis plus particulièrement occupé dans ce travail.

Les géologues sont aujourd'hui généralement d'accord pour attribuer à la houille une origine organique; elle est due, d'après eux, à un engloutissement de forêts entières et à une décomposition lente sous l'influence d'excessives pressions exercées par les roches bouleversées. Quel est, dans les houilles extraites de nos jours, l'état des carbures hydrogénés, quel est l'état de l'azote, du soufre, etc.? Il y a là des mystères qui ont jusqu'ici échappé à nos investigations.

Quoi qu'il en soit, la distillation de la houille donne de l'eau, de l'ammoniaque, de l'acide carbonique et de l'oxyde de carbone; elle produit en outre de l'acide sulfhydrique, de l'acide cyanhydrique, de l'acide sulfocyanhydrique et du sulfure de carbone.

Il est impossible de constater la préexistence de ces corps dans la houille; ils sont évidemment le résultat de la distillation, et l'analyse chimique ne peut y reconnaître, outre le carbone et des carbures hydriques solides, que l'oxygène, l'azote et le soufre en quantités variables, mais on n'y trouve ni les carbures solubles dans l'éther ou les huiles essentielles, ni l'ammoniaque en combinaison avec quelque acide.

Des recherches spéciales ont été faites en vue de la détermination des quantités relatives d'oxygène, d'azote et de soufre dans les diverses qualités de combustibles minéraux; on peut puiser à cet égard d'intéressants renseignements dans divers traités de chimie, mais en particulier dans la précieuse monographie des houilles de l'Europe de MM. Geinitz, Fleck et Hartig, publiée à Munich en 1865.

Oxygène et azote. — Il n'y a dans tous ces documents que des conjectures sur les conditions dans lesquelles l'azote se trouve fixé; seulement, nous devons rappeler ici que, dans le charbon animal résultant de la calcination des os, l'azote non transformé en ammoniaque est retenu fixément par le carbone.

Des analyses nombreuses donnent les chiffres suivants, en ce qui concerne les quantités d'azote et d'oxygène contenues dans les combustibles minéraux :

100 parties de combustibles minéraux contiennent :

	OXYGÈNE ET AZOTE RÉUNIS	OXYGÈNE	AZOTE
Tourbe	33.05	—	—
Bois fossile	36.88	—	—
Lignite (Braunkohle)	17.44 à 27.77	—	—
Houille de Saxe	8.9 à 17.9 (13.3 moyenne)	—	—
Id. Basse-Silésie	7.5 à 11.5 (11.5 moyenne)	—	—
Id. Haute-Silésie	—	4.41 à 12.26	0.53 à 1.50
Id. Westphalie	3.69 à 7.64 (5.01 moyenne)	—	—
Id. Saarbrück	8.54 à 20.84	—	—
Id. Angleterre	—	2.52 à 17.25	1.13 à 2.37
Id. France	3.93 à 17.53 (8.34 moyenne)	—	—
Cannel Cool	—	3.71	1.14
Boghead	—	4.40	0.77

Soufre. — Sans nul doute, le soufre de la houille provient en partie des pyrites qui imprègnent les dépôts de ce combustible et dont la présence se manifeste par l'éclat métallique que présentent souvent les couches superposées de houille ; mais ce soufre doit aussi provenir en grande partie de la réduction des sulfates solubles et en particulier du sulfate de chaux.

Arsenic. — Habituellement les pyrites contiennent de l'arsenic ; de là l'explication de l'existence, que j'ai constatée par divers essais, de petites quantités d'hydrogène arsénié, dans le gaz d'éclairage.

Phosphore. — Le phosphore, qui dans les végétaux joue un si grand rôle, a presque entièrement disparu dans la houille ; sans doute les phosphates ont été dissous dans l'eau qui a eu le contact des dépôts charbonneux naturels.

Dans une analyse de la houille de Sattelflötz à Kœnigsgrube, d'après M. Grundmann, il ne s'est trouvé, dans 100 parties de cendres, que 0,356 d'acide phosphorique.

Acide carbonique et oxyde de carbone. — Quant à la formation de l'acide carbonique et de l'oxyde de carbone, elle s'explique facilement par la présence simultanée d'oxygène et de carbone.

Acide cyanhydrique. — En ce qui concerne l'acide cyanhydrique qui accompagne les précédents composés, mes publications de 1840 (*Annales de chimie et de pharmacie*, t. XXXVIII, page 62) concernant une nouvelle méthode de préparation de l'acide cyanhydrique, donnent une facile explication de son origine. La présence de cet acide dans le gaz d'éclairage se manifeste facilement par le formation du bleu de Prusse dans les procédés d'épuration ; l'analyse des eaux ammoniacales résultant de l'épuration du gaz a démontré de plus l'existence du sulfocyanogène.

Acide hyponitrique. — Il en est de même de la formation de l'acide hyponitrique ou du bioxyde d'azote ; l'explication de cette formation est toute donnée dans mes expériences de 1838, où j'ai démontré qu'à l'aide de l'éponge de platine, on peut transformer rapidement de l'ammoniaque en acide hyponitrique lorsque cette ammoniaque rencontre une suffisante quantité d'air ou d'oxygène. Cette transformation, lors de la combustion du gaz d'éclairage, est sans doute moins complète, mais elle a lieu dans une forte proportion, et je n'en veux d'autre preuve que celle de l'odeur nitreuse qui se manifeste en particulier par l'emploi des appareils de chauffage au gaz.

Acides sulfureux et sulfurique. — Ajoutons que, pour ce qui concerne l'acide sulfureux et l'acide sulfurique, leur production est justifiée par la combustion de l'acide sulfhydrique et par la facilité avec laquelle l'acide sulfureux se convertit en acide sulfurique (1).

Sulfate de soude. — J'ai remarqué que dans les cheminées de verre des becs à gaz, il se produisait souvent à la longue des taches blanches qui ne sont qu'un dépôt de sulfate de soude qui rend le verre opaque dans les parties saillantes où le dépôt s'effectue plus particulièrement. La soude dans ces dépôts paraît due à l'alcali du verre, et sa présence dans ces sortes d'efflorescences est un fait inattendu et qui présente quelque intérêt scientifique.

En m'arrêtant à examiner les principales causes d'impureté du gaz d'éclairage, j'ai voulu justifier le malaise qui résulte pour la respiration, dans les conditions actuelles de la fabrication du gaz, de l'accumulation de nombreux becs de gaz dans les salles de réunion où une forte ventilation n'a pas été ménagée. Ce malaise est augmenté encore par la chaleur considérable que produit la combustion, mais les inconvénients de gaz délétères sont à redouter surtout dans l'application de divers appareils de chauffage par le gaz, où la production du gaz nitreux, en particulier, rend en peu de temps les locaux inhabitables.

Cette méthode de chauffage ne tardera pas à être entièrement proscrite dans nos habitations, si la pureté du gaz d'éclairage n'est pas plus parfaite, et en particulier si l'ammoniaque n'est pas plus complétement absorbée par les procédés d'épuration.

C'est, en effet, comme je l'ai dit, l'ammoniaque qui engendre le gaz nitreux et l'acide cyanhydrique, composés qui donnent plus particuliè-

---

(1) Cette facile transformation doit avoir pour conséquence la prompte altération des étoffes qui servent de tentures dans nos appartements.

rement au gaz d'éclairage des propriétés délétères ; il y a bien aussi l'oxyde de carbone, mais ce dernier se brûle assez facilement en présence d'une quantité suffisante d'air ; il ne peut échapper qu'à la faveur d'une pression un peu élevée que subit parfois le gaz dans les tuyaux d'alimentation des becs.

Les procédés de condensation de l'ammoniaque ne manquent pas ; une grande partie de ce gaz est absorbée par l'eau, par le seul refroidissement, et donne les eaux ammoniacales qui, dans les usines à gaz ou dans les fabriques spéciales, sont converties en sulfate ou en muriate d'ammoniaque ; mais je ne saurais trop insister sur la nécessité de l'emploi d'autres moyens d'épuration complémentaires, tels que les chlorures de manganèse, les sels de fer, ou l'action directe de l'acide sulfurique faible. L'écoulement de cet acide dans des colonnes en plomb, munies de coke et à travers lesquelles le gaz chemine en sens contraire du liquide, me paraît devoir être plus particulièrement recommandé ; c'est un système qui a déjà été appliqué dans de grandes usines en Angleterre, mais qui demande à être employé d'une manière générale et assez complète pour que, dans le gaz ainsi divisé, toutes traces d'ammoniaque puissent être absorbées.

Si j'insiste sur ce point, c'est que l'avenir et la généralisation de l'emploi du gaz pour l'éclairage et surtout pour le chauffage en dépendent. Les méthodes d'épuration ont malheureusement pour résultat, lorsqu'elles arrivent à une certaine complication, de rendre le gaz moins éclairant, par la condensation de certains carbures.

On ne perdra pas de vue que l'entière pureté du gaz d'éclairage devient surtout nécessaire lorsqu'il s'agit d'éclairer les galeries souterraines, et j'ajouterai que mon attention a été plus particulièrement appelée sur cette question, au moment où le projet de la construction d'un tunnel sous-marin entre la France et l'Angleterre a été conçu et se trouve peut-être à la veille d'être réalisé.

ASSOCIATION FRANÇAISE
POUR L'AVANCEMENT DES SCIENCES

EXTRAIT DES STATUTS ET RÈGLEMENT

Votés par l'Assemblée générale du 27 août 1874.

STATUTS.

Art. 4. — L'Association se compose de membres fondateurs et de membres ordinaires ; les uns et les autres sont admis, sur leur demande, par le Conseil.

Art. 5. — Sont membres fondateurs les personnes qui auront souscrit à une époque quelconque une ou plusieurs parts du capital social : ces parts sont de 500 francs.

Art. 7. — Tous les membres jouissent des mêmes droits. Toutefois les noms des membres fondateurs figurent perpétuellement en tête des listes alphabétiques, et les membres reçoivent gratuitement pendant toute leur vie autant d'exemplaires des publications de l'Association qu'ils ont souscrit de parts du capital social.

RÈGLEMENT.

Art. 1er. — Le taux de la cotisation annuelle des membres non fondateurs est fixé à 20 francs.

Art. 2. — Tout membre a le droit de racheter ses cotisations à venir en versant une fois pour toutes la somme de 200 francs. Il devient ainsi membre à vie.

La liste alphabétique des membres à vie est publiée en tête de chaque volume, immédiatement après la liste des membres fondateurs.

Les souscriptions sont reçues :
Au Secrétariat, 76, rue de Rennes;
Chez M. Masson, *trésorier*, 17, place de l'École-de-Médecine.

Les souscriptions des membres fondateurs peuvent être versées en une seule fois, ou en deux versements de chacun 250 francs.

www.ingramcontent.com/pod-product-compliance
Lightning Source LLC
Chambersburg PA
CBHW061619040426
42450CB00010B/2574